Nein zum Krieg
Kindern schreiben für den Frieden

Laura Müller (Hrsg.)

Nein zum Krieg

Kinder schreiben für den Frieden

Literaturkreisel

Bibliografische Information durch die Deutsche Nationalbibliothek:
Die Deutsche Nationalbibliothek verzeichnet diese Publikation in der
Deutschen Nationalbibliografie; detaillierte bibliografische Daten sind im
Internet über http://dnb.d-nb.de abrufbar.

Herausgeberin: Laura Müller
© Illustrationen Front- und Backcover: Laura Müller
Gestaltung: Bernd Müller / grafikcafe.de

Originalausgabe Mai 2022
© Gesamtherstellung: Literaturkreisel Olching / literaturkreisel.de
ISBN 9 783 75 579669 5
Herstellung und Verlag: BoD – Books on Demand, Norderstedt

Inhaltsverzeichnis

Wohin als nächstes? — 7

Ich liebe meine Ukraine — 12

Ein Gespräch zwischen Frieden und Krieg — 15

Ein unbeschwerter Ort — 19

Geständnisse — 21

Kriegsgier — 23

Nachbarschaft — 25

Der Krieg in der Ukraine — 27

Krieg + Frieden — 29

Die Stimme der Angst — 31

Gegen den Krieg — 35

In Anbetracht des Blutes — 39

Mit Liebe für Friede — 41

Krieg — 45

Die Flucht — 47

Aber die Frage, ob meine Familie lebt,
lässt sich nicht beantworten — 51

NEIN ZUM KRIEG! — 57

Krieg — 61

Krieg in Europa — 67

Wohin als nächstes?

Liebe Kateryna,
was passiert da gerade bei euch in der Ukraine?! Ich habe die
Nachrichten gesehen – grauenvolle Bilder! Werdet ihr in Kiew
gerade tatsächlich angegriffen? Was haben du und deine Familie
jetzt vor?
Bitte schreibe mir so schnell wie möglich zurück!

Liebe Isabelle,
die Informationen aus den Nachrichten stimmen. Es ist furcht-
bar. Uns selbst hat die Kriegserklärung schwer erschüttert. Die
politische Situation war in den letzten Wochen zwar ange-
spannt, aber wir hätten nicht gedacht, dass es jetzt einen Krieg
geben würde.
Du kannst dir dieses Gefühl nicht vorstellen, als bei uns die
Alarmsirenen losgegangen sind. Die Angst, wenn Flugzeuge
über der Stadt auftauchen und die Panik, wenn du Menschen
schreiend umherrennen siehst.
Wir haben alle geschlafen, als die Explosionen losgingen. Mein
kleiner Bruder hat dann nur noch geweint. Das Bild, das sich
vor meinen Augen ergibt, ist mein schlimmster Albtraum.

Überall brennt es und wenn wir auf die Straße gehen, sehe ich die eingestürzten Gebäude unserer Nachbarn. Dabei weiß ich nicht, ob sie überlebt haben und ob ich sie jemals wiedersehe. Wir haben Angst, aber unser Leben ist hier. Alles, was wir uns aufgebaut haben, ist hier. Das können wir nicht einfach so aufgeben. Meine Familie hat beschlossen, abzuwarten. Die Nächte verbringen wir in den U-Bahn-Stationen. Es spendet ein wenig Trost, mit seinem Schicksal nicht alleine zu sein.

Ich hoffe, du erhältst den Brief und weißt, dass ich lebe.

Brief vom 01.03.2022

Liebe Kateryna,

es bringt euch in der Ukraine nicht viel, aber wir stehen zu euch. Ich war mit meinen Freunden am Sonntag auf einer Friedensdemonstration. Der Krieg muss aufhören! Ich fühle mich so hilflos. Jeden Tag gehe ich in die Schule und lerne für meine Zukunft, aber das erscheint mir falsch. Viele Menschen in der Ukraine wissen nicht einmal, wie sie den nächsten Tag überleben. Ich sollte etwas tun können. Ich mache mir Sorgen um dich und bete, dass es deiner Familie gut geht. Ich habe mit meinen Eltern geredet. Wenn ihr flüchten solltet, könnt ihr für eine Weile bei uns wohnen.

Bleibt stark!

Brief vom 03.03.2022

Liebe Isabelle,

du wirst es vielleicht nicht glauben, aber es hat sich mittlerweile eine Routine an unseren Tagen ergeben. Schlimmer als die

Explosionen ist die Stille. Das sind die Momente, in denen wir die Verluste betrauern. In diesen Momenten treffen wir uns auf der leeren Straße und zünden Kerzen für all die gefallenen Menschen an. Manchmal holt uns dabei die Realität ein, wenn wir schweigend dastehen. Wir sehen einander an und wissen, dass es nie wieder so sein wird, wie es einmal war.

Mein Vater will sich dem ukrainischen Militär anschließen. Er möchte unser Land und unseren Präsidenten verteidigen. Ich kann es verstehen. Wenn ich nicht so jung wäre, würde ich auch kämpfen. Umso schlimmer ist es, dass wir uns von ihm verabschieden müssen. Dadurch dass kein Ende des Krieges in Sicht ist, werden wir fliehen. Über die Grenze nach Polen Richtung Deutschland. Es ist hart, meine Heimat zu verlassen und noch härter nicht zu wissen, wie viel von ihr bei meiner Rückkehr noch da sein wird. Ich werde außerdem Mischka aussetzen müssen, sie kann nicht mitkommen. An Tagen wie diesen hasse ich Putin. Ich hasse ihn für diesen grundlosen Krieg und all das Leiden!

Hoffentlich geht alles gut und wir sehen uns bald…

BRIEF VOM 07.03.2022

Liebe Kataryna,

ich schicke diesen Brief an eure Adresse, ohne zu wissen, wo ihr seid. Eigentlich hättet ihr schon an der deutschen Grenze ankommen sollen. Wir warten hier seit zwei Tagen. Wenn du mir nur antworten könntest! Ich hoffe so sehr, dass euch nichts passiert ist. Das Warten ist grausam.

In der Schule haben wir sehr viel über den Krieg bei euch geredet. Meistens nur über den historischen Ukraine-Russland-Konflikt. Selbst nach einem halben Monat erscheint Krieg in

Europa Vielen noch unrealistisch. Dabei gab es in der Vergangenheit Europas bereits bewaffnete Konflikte, die nicht wahrgenommen wurden.

Wir haben auch darüber geredet, ob Deutschland als Absatzmarkt russischen Erdgases aus dem Handel mit Russland aussteigen sollte. Es ist so schwer, über solche Themen rational nachzudenken. Moralisches und wirtschaftliches Denken gehen in dem Fall getrennte Wege. Ich empfinde jedoch alles, was den Krieg stoppen könnte, als sinnvoll.

Eurem Präsidenten gebührt übrigens mein größter Respekt. Dass Selenskyj alles für die Ukraine versucht, nicht flieht und Widerstand leistet, macht ihn in meinen Augen zu einem sehr starken Mann.

Auch wenn du den Brief wahrscheinlich nie erhalten wirst, hoffe ich, ihr seid wohlauf.

BRIEF VOM 14.03.2022

Liebe Kataryna,

ich habe das Warten aufgegeben, aber die Hoffnung noch nicht. Ich liege nachts wach und denke an dich. Ich denke an deinen Vater und daran, ob er vielleicht verwundet ist. Ich denke an Mischka und frage mich, ob sie verschreckt unter irgendwelchen Trümmern sitzt.

Wo bist du? WO BIST DU?

BRIEF VOM 17.03.2022

Liebe Isabelle,

wir sind jetzt in Polen bei einem netten Ehepaar untergekommen. Ich konnte dir nicht eher schreiben, weil wir die ganze Zeit unterwegs waren. Unser Auto wurde zerstört, weshalb wir einen Großteil der Strecke gelaufen sind. Es war die reinste Quälerei. Wir hatten kein Geld und kaum noch Nahrungsmittel. An einem Obststand hat uns eine Frau Essen geschenkt, als sie merkte, dass wir aus der Ukraine kommen. Die Menschen sind hier wirklich freundlich.

Ich kann mich jedoch nicht freuen. Ich will mich am liebsten unter meiner Decke verstecken und weinen. Ich vermisse meinen Vater. Und immer wieder stelle ich mir die gleichen Frage: Wer bin ich jetzt in diesem fremden Land? Wer bin ich ohne Geld, ohne Zuhause und ohne Perspektive?

Danke, dass du mich als Freundin unterstützt und an eine friedliche Zukunft der Ukraine glaubst. Danke auch deiner Familie für das großzügige Angebot …

Ich melde mich bald wieder.

Isabelle Köcher

ich liebe meine Ukraine. Ich will nach Hause, zu
mir nach Hause. Ich vermisse meine Familie
(Großeltern, Onkel und Tanten). Ich vermisse meine
2 Hunde und meine 2 Katzen. In einpaar Wochen
kommt das Baby von meinem Onkel und ich bin
soweit weg und kann es nicht sehen. Wann ist
endlich der Krieg vorbei?
Ich will zurück...

Я люблю свою Україну. Я хочу додому, до свого дому.
Я сумую за своєю сім'єю (бабусею, дідусем, дядьками
і тіткою). Я сумую за своїми 2 собаками і 2 кішками.
Через кілька тижнів народиться дитина мого дядька,
а я так далеко і не можу його побачити. Коли
нарешті закінчиться війна?
Я хочу додому...

Ukraine

Luzk · Riwne · Tschernihiw · Sumy
Schytomyr · Kyjiw · Poltawa · Charkiw · Lugansk
Lwiw · Ternopil · Chmel-nyzkyj · Tschernkasy · Kirowohrad · Dnipropetrowsk · Donezk
Iwano-Frankiwsk · Winnyza · Mykolajiw · Saporischschja
Uzhhorod · Czerniwzi · Odessa · Cherson
Krim

Я люблю Україну!
Ich liebe die Ukraine!

Я хочу додому...
Ich will nach Hause...

Mein Name ist Mariana Horutksa und ich bin 10 Jahre alt.
Seit März 2022 wohne ich in Olching. Ich stamme
aus der Ukraine in der Nähe von Lwiw (Lemberg).

Ein Gespräch zwischen Frieden und Krieg

„Du brauchst mich", meinte der Krieg. „Ich bin ein Teil von dir!"

Der Frieden antwortete: „Das bist du nicht, du bist lediglich der Hass und die Gewalt. Du klammerst dich an mir fest und versuchst mich zu erdrücken. Ich brauche dich nicht, glaube mir."

„Aber wenn es mich nicht gäbe, wüssten die Leute gar nicht, wer du bist", versuchte es der Krieg erneut.

„Wenn es dich nicht gäbe, dann würde diese Welt eine Andere sein. Die Sonne würde ein Stück heller strahlen und die Winde würden sanfter wehen. Vielleicht hast du recht, die Menschen würden vergessen, wer ich bin. Soll ich dir auch sagen, warum? Weil ich dann alles bin. Ich bin Mensch und Tier und Pflanze. Ich fliege in der Luft und plätschere mit dem Wasser. Ich bin das Feuer, das wärmt und das Eis, das kühlt. Verstehst du? Die Erde wäre umhüllt vom Friedenshauch. Wenn es dich nicht gäbe, dann wäre diese Welt eine Neue und ihr Grundstein wäre ich. Nur ist es noch nicht soweit", berichtete der Frieden sachte.

Der Krieg wurde wütender und stand nun auf: „Dann tu doch den Menschen diesen Gefallen – so vernichte mich doch, sperre mich ein oder töte mich gar. Dann sind doch alle diese Probleme weg!" Die Antwort des Friedens kam seelenruhig: „Wenn ich das tue, dann wäre ich du. Du wärest nicht mehr da, doch hättest mich zu diesem Monster gemacht. Was ist denn Frieden wert, wenn man dafür über Leichen geht? Was ist ein Frieden, der Waffen braucht, um ihn aufrecht zu halten? Welcher Frieden findet denn mit Soldaten und Gewalt statt? Ein solcher Frieden ist versteckter Hass – ein solcher Frieden sieht dir vielleicht ähnlich, doch das bin nicht ich. Du, Krieg, musst selbst zu dir finden, das kann ich dir nicht abnehmen. Du musst dich selbst erschließen und verstehen. Öffne deine Augen und sehe endlich, was richtig ist, denn du bist es nicht."

Der Krieg verließ beleidigt den Raum und der Frieden blieb allein zurück.

Clara Schneidermann

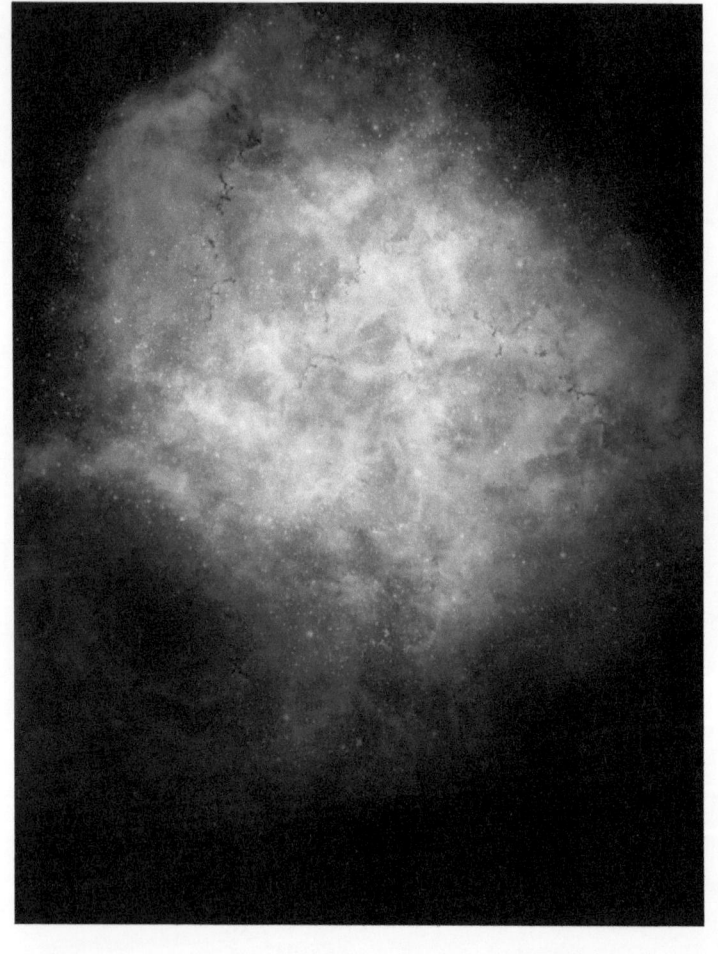

Ein unbeschwerter Ort

Ein Ort voller Freunde, wo wird der sein?
Die Erde, oh nein, die ist nicht rein.
Ich schaute aus meinem Fester
und sah weit und breit nur Gespenster.

Ich sitze hier und weiß nicht weiter
Oh, dort sitzt ein Begleiter, ein Fighter.
Einen Freund in die Arme zu schließen
Oh man, das lass ich über mich ergießen.

Ich weiß nicht wohin mit mir
All diese Gedanken,
Bringen mich ins Schwanken
Voll mit rasenden Ranken,
Eine unbeschwerte Welt.

Weit hinaus, sehe ich raus.
Im Mandelmeer so unbeschwert,
sah ich mich mit Freunden spielen.
Ohne Sorgen, ohne Mienen.

Eine unbeschwerte Welt, wo ist die nur?
Trag mich hinfort wo die Wölfe mit Schafen spielen
Und die Hyänen mit mir spazieren,
In eine weite weite Welt, wo Frieden einkehrt.

Anna Sophie Mostersteg

Geständnisse

Zeit, ein Begriff der für Alter, Erinnerungen
und Vergänglichkeit steht.

Die Zeit bringt uns unsere immer wiederkehrenden Fehler.

Die Erde zerbricht und ein Schauer erfüllt den Raum.

Denn wenn der Vorhang fällt,
dann wird es offenbart

Wenn der Vorhang fällt,
dann erkennen sie es

Wenn der Vorhang fällt,
dann gestehen sie ihre Fehler ein

Wenn der Vorhang fällt,
dann gibt es nichts mehr zu verstecken

Und wenn es nichts mehr zu verstecken gibt,
dann folgt die Einsicht.

Wenn die Einsicht bei allen Zuflucht gefunden hat,
dann geschehen Wunder.

Anna Sophie Mostersteg

Kriegsgier

Himmel weiß, ohne Rand,
die Soljanka ist verbrannt, grau nun
Ruß auf dem Land.
Kein rau, nie urak, während in der
Distanz die Säulen aufsteigen wie
Raketen.
Schwer liegen die Helme, über die
die Panzer rollen in der Stille.
Kein Schuss, kein Ton, nur
Schellende Telefone ohne Kabel,
Elfennot elende Hebel, hol`s Chalk!
In der Entfernung rattern die Gespräche ohne
di Krim Wila.
Leere Rufe gegen Wind in mitten hohen Kragen,
um,
Minuten ohne Degen Fehlerwarnung: Krieg.
Wann der Input von Putin? Kopfnuss
Darling, ging nicht anders.

Anna Nicholson

Nachbarschaft

Letzten Herbst fielen langsam die Blätter
ihnen folgten einzelne Truppen
ganz normal sei das gewesen
also leben wir weiter
ganz normal.

Letzten Winter wurde es kälter,
und die Truppen immer breiter,
aber wir machen noch kein Wesen,
warten ab bis der Schnee fällt,
ganz normal leben wir weiter.

Letzte Woche wurde dann
der große Nachbar zum Barbar
nun ist der Krieg auf einmal nah
und aus ganz normal wird
Alarmstufe rot.

Erst ok, dann ko
weiterleben bis in den Tod.

Anna Nicholson

Der Krieg in der Ukraine

Ich habe etwas zu sagen,
dass wir noch Hoffnung haben.
Dass die Hoffnung noch nicht vorbei ist,
und dass Putin vielleicht die weiße Flagge hisst.
Denn Putin bekommt man leider nicht zur Vernunft,
die Leute verlieren ihre Unterkunft.
Ich hoffe, ihr werdet überleben,
ihr bringt sonst mein Herz zum Beben.
Das Blut wird vergossen.
Putin hat's genossen.
Die Panzer fahren vorbei
und die Bomben kommen herbei.
Die Ukraine versucht, sich zu wehren,
aber die Russen schießen mit Gewehren.
Der Krieg ist schlimm,
das gebe ich zu.
Und was sagst du dazu?

Chanel-Kimberley Brunswig

Krieg + Frieden

Bomben und Feuer überall,
verzweifelte Menschen irren umher.
Schrecken und Gewalt,
herrschen über das ganze Land.

Kinder weinen,
der Tod ist so nah.

Wäre es doch so wie früher,
ohne Krieg und ohne Streit.
Einigkeit und keine Waffen,
diesen Wunsch trägt jeder Mensch.

Freiheit ist das höchste Gut,
Frieden, komme doch zurück!

Emma Gänzler

Die Stimme der Angst

Durch enge Gassen laufe ich ihr hinterher. Angst durchströmt mich. Das Gefühl ankert sich in mir fest, um nie wieder loszulassen. Wolken werden dichter und Gassen enger. Einen Fuß setze ich vor den anderen, während wir immer schneller werden. Die Wände scheinen mir entgegenzukommen, um mich zu zerquetschen. Weglaufen ist, was ich will. Weiß ich es doch besser. Wenn man sich auf sie einlässt, kommt man nicht mehr lebendig davon. Laufen tut sie vor mir, doch wissen beide: „Sie hat mich unter ihrer Kontrolle." Dafür muss sie mich nicht sehen, wehren kann ich mich nicht. Geschmeidig gleitet sie vor mir dahin. Ihre langen Haare fliegen hinter ihr her, wie ein dunkler Schleier im Wind. Das blutrote Gewand, in welches sie gekleidet ist, streift bei jeder ihrer Bewegungen den Boden unter uns.

Wir laufen weiter, bis das Gassen-Labyrinth hinter uns liegt. Draußen zeigt sich nicht die erhoffte Freiheit. Vor meinen Augen bildet sich eine riesige Lagerhalle ab. Die Luft ist erfüllt von Schreien und dem stechenden Geruch der Verzweiflung. Mein Blick wandert über den von Schlamm bedeckten Boden. Er umschlingt meine nackten Füße. Die nasse Kälte lässt mich erschaudern. Niemand kann zweifelsfrei sagen, ob der Regen, die Tränen oder das Blut der Opfer die Erde feucht halten.

Nichts in mir schafft es, den Pfad weiter entlangzulaufen. Ich halte an. Das Bedürfnis zu entkommen kehrt in mich zurück, stärker als zuvor. Hoffnung strömt für wenige Sekunden durch meine Adern. Sie wendet sich mir nicht zu, als sie ebenfalls in ihrer Bewegung innehält. Ihre aufrechte Haltung gibt mir zu verstehen, dass sie mich beobachtet. All meine Schritte hat diese Frau belauscht, nimmt jeden meiner Atemzüge wahr und erkennt, welche Gedanken durch meinen Geist strömen. Mit erhobenem Haupt bewegt sie sich weiter voran. Sie hat vor mir begriffen, dass mein frisch geweckter Mut bedeutungslos ist, im Vergleich zu der Angst, die ich verspüre.

Vor vielen Jahren wurde mir erzählt, dass Angst aus Menschen Monstern erschaffen kann. Damals glaubte ich es nicht. Ich kannte lediglich die Geschichten der Kämpfer. Kindern wird berichtet, dass ein Schwert Helden hilft, den Drachen zu besiegen und alle Ängste zu vergessen. Heute weiß ich es besser. Waffen helfen den Feigen nicht, ihre Feigheit loszulassen. Sie unterstützen sie darin, die feigen Entscheidungen zu treffen. Menschen verstecken sich hinter Kriegswerkzeugen, da sie Angst haben, ihre Probleme auszusprechen. Ich hasse mich dafür, zu diesen Menschen zu gehören und ihr weiter zu folgen. Es ekelt mich an, wer ich bin. Ich hatte die Chance, zu einer guten Person heranzuwachsen. Ich habe sie nicht ergriffen und marschiere weiter.

Immer näher kommen wir der Lagerhalle. Vor ihr stehen dutzende Leute. Die Gestalten sind in ihrer Bewegung eingefroren. Nur ihre Münder bewegen sich. Sie stoßen unmenschliche Laute aus, die eins mit der Abenddämmerung werden. Nach wenigen Schritten bin auch ich ein Teil der Menge. Ein unbedeutendes Leben, unter vielen anderen.

Diese Menschen engen mich ein. Raus komme ich nicht. Es sind zu viele von ihnen. Warum habe ich mich auf sie eingelassen? Wieso habe ich meinen Ängsten gelauscht und nicht der Hoffnung, die mich einst hätte retten können? Die Schreie der Menschen machen mich wahnsinnig und ich weiß nicht, was ich tun soll. Sie sind zu laut. Meine Ohren scheinen zu platzen und mein Verstand funktioniert nicht mehr. Es ist zu viel. Zu viel ist in den letzten Stunden passiert und jetzt, scheint sich mein Inneres dagegen zu wären diese schrecklichen Eindrücke aufzunehmen.

Ich will nicht mehr, doch eine Hand hält mich auf. Sie scheint mich zu fesseln und ich begreife, dass ich nicht vor meinen Problemen davonlaufen kann, da sie mich einholen werden. Sie sind schneller als ich es bin, das waren sie schon immer. Ihr Griff, er fesselt mich an meinen Problemen. Sie hält mich auf, verhindert meine Versuche, dem Tod zu entfliehen.

Was sie mit mir vorhat weiß ich nicht. Ich bin mir nur im Klaren, dass es mit meinem Tod enden wird. So ist es bei all diesen Menschen um mich herum. Sie wird uns alle umbringen. Das Schlimmste ist die Ungewissheit. Die Ungewissheit, wann es so weit sein wird.

Wir leben alle mit dem Wissen, dass niemand von uns mehr vollbracht hat, als die falsche Entscheidung zu treffen.

Hanna Beune

Gegen den Krieg

Wenn die Welt im Entsetzen liegt,
am Himmel kein Vogel fliegt.
Die Angst jeden Menschen lähmt,
doch das den Bösen nicht grämt.

Von Schüssen beherrscht ist die Nacht,
während der Teufel böse lacht.
Menschen leiden überall,
Leben enden mit Krawall.

Zitternd sitzen sie im Keller,
die Feuer draußen immer heller.
Auch sie trifft großes Leid,
rotes Blut auf ihrem Kleid.

Die Bombe verwundete sie,
während er mit ihr schrie.
Zitternd nimmt er ihre Hand,
die Lebenszeit verrinnt wie Sand.

Stetig fließt der Tränenfluss,
in ihrem allerletzten Kuss.
Dann hat er niemanden mehr,
sein Herz war noch nie so leer.

Krieg heißt Furcht und Leid,
Leben endet, bevor es gedeiht.
Menschen trauern, weinen, haben Angst,
davor, dass der Liebste ins Totenreich gelangt.

Lasst die Tränen nicht siegen,
die Menschen dürfen sich nicht bekriegen.
Gemeinsam haben wir die Macht,
dass auch das traurigste Kind wieder lacht.

Janina Beitel

In Anbetracht des Blutes

Ein Mensch
Eine Seele
Eine Vergangenheit
Eine Zukunft
Ein Leben
Ein Ego beherrscht ein Land.

Ist der Mensch mit eigener Seele,
Vergangenheit, Leben und Ego,
dem die Zukunft geraubt wird auf Lebenszeit
etwa weniger Wert, weil er
Bürger eines anderen Landes ist?

Sind all die Trauernden,
 Gefallenen und Flüchtigen egal?
Spielt nur das Ziehen von Grenzen,
das Spalten dieser Erde eine Rolle?
Sind Geld und Macht etwa wichtiger als Frieden?

Nein!
Eine Diktatur hat nichts
mit dem Grundwesen des
Menschen zu tun:
seinen Gefühlen.

Johann Palmieri

40

Mit Liebe für Friede

Die Machtlosigkeit,
die Untätigkeit
Was soll man tun bevor man es bereut?

Das sind Menschen wie du und ich
Vergiss das nicht, vergiss das nicht!

Niemand verdient so etwas,
nein niemand
Und es ist nicht geheim, sondern bekannt!

Die ganze Welt weiß davon
aber unternimmt nichts. Doch
wenn wir mal von anderen Hilfe brauchen,
bestimmt sich's

Wer uns hilft,
wer uns nicht links liegen lässt
Die sind dann wahre Freunde,
auf die man sich verlässt!

Klar,
Gottesdienste,
große Demos
Doch auch der Rest bleibt nicht ideenlos

Blau-Gelb ist ein
Zeichen des Friedens geworden
Vieles wird durch dies beworben
Aber sollte man mit Krieg Geld machen dürfen?

Sich auf gelb-blaue Produkte verlassen und
sich nicht die Knie aufschürfen
Für Frieden kämpfen gegen
Krieg mit Liebe
Kämpfen kann man nämlich auch ohne
Fausthiebe

Jule Heer

Krieg

Es gibt Streit,
und das geht zu weit.

Da fallen Bomben auf ein Haus,
dann ist es mit den Menschen aus.

Viele Kinder müssen fliehen,
ohne etwas anzuziehen.

Auch der Hunger macht es schwer,
was zu Essen muss jetzt her.

Frieden müsst' es immer geben,
dann ließ' es sich prima leben.

Ich hab genug von diesem Krieg,
Frieden wär' der echte Sieg.

Paula Gänzler

Die Flucht

Rauch, überall ist Rauch und es ist dunkel, stockdunkel. Ich muss hier raus! Blind taste ich mich vorwärts, bis ich über etwas stolpere und am Boden aufschlage. Ein stechender Schmerz fährt durch mein Knie. „Hilfe!" Rauch fährt in meine Kehle und brennt in meinen Augen, ich muss husten. Der dunkle Rauch wird immer dichter. Ich bedecke meine Nase mit meinem T-Shirt und schließe die Augen. Fühlt sich so sterben an? In dem Moment packt mich eine Hand und zieht mich nach draußen.

Ich stehe auf der Straße und blicke auf unser Haus, oder viel mehr auf das, was davon übrig ist. Ein brennender Trümmer-haufen. Es ist mitten in der Nacht und soeben ist eine Bombe auf unser Haus gefallen. Es hat mit dem Krieg zu tun, der schon seit Tagen in unserem Land wütet. „Komm Allie", mein Vater hat meine kleine Schwester auf den Arm und nickt mir zu. Wir laufen eine gute Stunde lang, immer wieder müssen wir in Bunkern Schutz suchen, aber dann sind wir am Bahnhof. Mein Vater führt uns durch die Menschenmassen, die alle mit dem Zug fahren wollen. Dann nimmt er uns in den Arm. „Der Zug bringt euch nach Rumänien, dort wartet Mama auf euch." „Und du?", frage ich, obwohl ich die Antwort weiß. Männer zwischen 18 und 60 Jahren dürfen das Land nicht verlassen. „Irgendwann komm ich nach", verspricht er.

Wenig später sitze ich mit meiner kleinen Schwester Leni im Zug. Sie schläft, während ich mit den Tränen kämpfe. Warum musste das uns passieren? Ich lege meinen Kopf gegen die

Fensterscheibe, sie fühlt sich angenehm kühl an. Der Regen, der draußen gegen das Glas klopft, scheint mit meinen Tränen um die Wette zu laufen. Irgendwann falle ich in einen unruhigen Schlaf.

Als ich aufwache, merke ich sofort, dass etwas anders ist. Ich blicke zu Leni, doch ihr Platz ist leer. „Leni!" In meiner Stimme liegt Panik, wo ist sie? Ich quetsche mich an Leuten vorbei, immer wieder rufe ich Lenis Namen und versuche dabei die Schuldgefühle in meinem Kopf zu ignorieren. Du bist schuld, warum hast du nicht auf sie aufgepasst? Du bist eine schlechte Schwester. Plötzlich bleibe ich stehen, war da vorne etwa eine vertraute Bewegung? „Leni!", rufe ich leise. „Allie?", antwortet eine Stimme. Dann kommt Leni auf mich zu. „Weißt du, wo Papa ist?", fragt sie. Ich schlucke, doch bevor ich antworten kann, bleibt der Zug stehen, wir sind am Ziel. Als wir ausgestiegen sind, schließt uns unsere Mutter in die Arme. „Alles wird gut", flüstert sie.

Inzwischen ist ein halbes Jahr vergangen, seit dem wir geflohen sind. So wie jeden Tag stehe ich auch heute am Bahnhof und warte bis der Zug mit Papa einfährt. Vielleicht ist es heute so weit?

Rhea Röhl

Aber die Frage, ob meine Familie lebt, lässt sich nicht beantworten

Hinter mir höre ich laute Geräusche. Bomben, Gewehre, Panzer, Schüsse und Schreie. Ich renne weiter, so schnell wie ich nur irgendwie kann. Mir laufen Tränen über die Wangen, ich schnappe nach Luft, mein Gesicht ist mit Staub überzogen. Ich sehe gerade wahrscheinlich so aus, wie die Leute, die um ihr Leben kämpfen müssen in den Tributen von Panem. Aber das hier ist kein Film. Das hier ist die Realität. Ich schaue mir kurz über die Schulter. Hinter mir ist Staub, und in der Ferne sehe ich unser Dorf. Keine Spur von Mum, Dad oder meiner kleinen Schwester Kira. Nur ich bin hier, nur Lou. Doch irgendetwas rührt sich dort links doch, oder? Oder bekomme ich jetzt Halluzinationen? Nein, da kommt etwas auf mich zugelaufen. Ich entscheide mich blitzschnell, nicht vor Angst wegzurennen, weil das Ding sowieso schneller ist als ich. Ich hoffe auf einen Menschen, auch auf einen Überlebenden. Aber nein, es ist ein Hund. Ein Border Collie. Jetzt sitzt er vor mir, und ich streichle ihm zart über den Kopf. Sein Fell ist angenehm weich. Ich schaue auf das Halsband: Chili. „Na dann Chili, wollen wir uns mal auf den Weg machen." Wohin weiß ich nicht. Hauptsache weg. Ich renne weiter, Chili folgt mir.

Wir rennen eine Ewigkeit. Irgendwann stehe ich am Ortseingang von Ganteln, unserem Nachbardorf. Was mal eine Wiese war, ist jetzt eine platte Ebene. Natürlich ist auch hier alles verwüstet. Allerdings sind die Panzer schon weiter vorgedrungen, sodass dieser Ort jetzt eine Geisterstadt ist. Da ich nichts habe außer meinen Klamotten, die ich am Leib trage, entscheide ich mich trotzdem dafür, in die Häuser zu gehen. Ich betrete ein noch nicht ganz Zerstörtes. Auf dem Boden liegen Scherben und Teile der eingestürzten Wände. Es liegen alte Bilder herum. Unten ist nichts, die ehemalige Küche ist komplett ausgeräumt. Warte, war da nicht eine Stimme? Ich bleibe wie angewurzelt in den Trümmern stehen und lausche. Nein, doch nicht. Ich gehe ins Obergeschoss. Hier sind das Schlafzimmer, ein Kinderzimmer und ein Bad. Im Kinderzimmer entdecke ich eine alte Plastikflasche, die noch heil ist. Ich nehme sie und stopfe sie in einen alten Wanderrucksack, der auf dem Boden liegt. Im Elternschlafzimmer steht noch ein kaputtes Babybett. Ich schnappe mir noch eine Babydecke zum Schlafen.

Kurze Zeit später stehe ich wieder vor dem Haus, mit meinem gepacktem Rucksack. Ich gehe zu einem weiteren Backsteinhaus, immer auf der Suche nach Nahrung für mich und Chili. Die Küche ist nicht ausgeräumt, allerdings funktioniert natürlich der Kühlschrank nicht mehr, und es stinkt tierisch. Ich entdecke eine kleine Packung Hundefutter, zwei Äpfel und eine Packung Knäckebrot. Ich denke an meine Familie. Wo sind sie? Leben sie noch? Während ich in der Ferne Schüsse höre, packe ich zusammen, schaue nach Chili und renne weiter. So schnell wie möglich verlassen wir die Dörfer und die Hauptstraße. Wir rennen über die Wiese in einen Wald. Ab hier gehe ich langsamer. Ich höre die Äste unter mir knacken, das Laub weht im Wind. Ich gehe immer in eine Richtung. Langsam wird es dunkel. Als ich nichts mehr sehen kann, setze ich mich an einen Baumstamm und breite die Decke über mir und Chili aus. In meinem Kopf sind so viele Worte, so viele Gefühle, so viele Gedanken. Ich bin voller Wut, Angst, Erschrecken, aber auch Zärtlichkeit gegenüber Chili. Ich nehme mir einen Apfel und gebe Chili etwas Hundefutter aus meiner Hand. Ich schließe die Augen und lege meine Hand auf Chilis weiches Fell.

Am nächsten Tag wache ich schlagartig auf. Chili sitzt bereits vor mir und frisst ein Knäckebrot, das auf dem Boden liegt. Ich bin auf einmal hellwach und schaue in den Rucksack. Das Knäckebrot ist weg... Mit der Verpackung gestohlen? Ein Tier? Chili kann es nicht gewesen sein, sonst läge die Verpackung hier irgendwo herum. Ich bin ziemlich hungrig, packe alles zusammen, nehme den Apfel und gehe weiter. Ich beiße hinein. Ich sauge die Flüssigkeit heraus. Ich habe seit 24 Stunden nichts mehr getrunken. So ein Durst... Ich kann an nichts anderes mehr denken. Ich schleppe mich weiter, aber nehme irgendwann die Umgebung gar nicht mehr richtig war. Alles ist verschwommen, aber warte... Ich halte an. War da nicht ein leises Wasserrauschen? Ich stürze so schnell wie möglich nach vorn. Tatsächlich, ein kleiner Bach. Ich hole gierig meine Trinkflasche hervor, und fülle sie randvoll. Ich trinke aus dem Bach, egal was für Keime hier sind. Doch ohne dieses Wasser gäbe es ein schnelleres Ende als nötig. Ich lasse Chili trinken, bis er genug hat. Wir gehen weiter. Ich kann nicht verstehen, wieso ich das hier erleben muss. Wieso ich dieses Spielchen mitmachen muss. Wieso ich Opfer der Politik werde. Ein Schuss reißt mich aus meinen Gedanken. Hinter mir. 100m entfernt steht ein Soldat. Ich renne. Ich renne nicht so wie gestern oder wie bei den Bundesjugendspielen. Nein. Schneller, panischer, angsterfüllter. Ich sehe dort vorne einen Ausguck, wo man Vögel beobachten kann. Nicht gerade geschützt, nicht unauffällig, aber meine einzige Chance. Ich sprinte hinauf, lege mich auf den Boden, sodass keiner mich sehen kann. Chili legt sich winselnd vor mich, mein Rucksack über mir. Ich bin in einem Schockzustand, zwischen Angst, Besorgnis aber auch Wut. Nur eine kleine Stimme in mir sagt mir, dass es noch Hoffnung gibt. Ich bleibe liegen. Eine halbe Ewigkeit. Irgendwann richte ich mich auf. Der Wald liegt still vor mir. Geheimnisvoll und furchterregend. Ich schaue in alle Richtungen, aber es ist keiner mehr da. Langsam nehme ich den Rucksack und steige die Leiter hinab. Ich gehe weiter, immer mit einem Auge auf Chili. Ich weiß nicht, was ich tun soll. Ich habe nichts zu essen, keine warme Kleidung und nichts zu trinken. Nur mich. Und Chili. Ich finde keinen Ausweg aus dem Labyrinth. Auf der einen Seite sind die Soldaten, auf der anderen Seite Chili und ich. Ich habe nur zwei Auswege im Kopf. Die Soldaten bringen mich um, oder ich bringe mich selbst um. Ich stelle mir immer wieder die Frage, für wen ich das hier eigentlich alles mache. Ich höre keine Schüsse mehr, trotzdem fühle ich mich unsicher und renne wieder. Chili folgt mir tapfer. Meine Muskeln klagen vor Hunger und Durst. Meine Trinkflasche ist leer, ich bin mal wieder auf einen Bach oder sonstige Hilfe angewiesen.

Die Stunden gehen vorüber, und ich bin schon bald wieder etwas benebelt. Ich kann nicht mehr. Ich bin so unglaublich durstig und hungrig, meine Füße schmerzen. Chili versucht alles, um mich aufzumuntern, aber ich habe einfach keine Kraft mehr. Zum ersten Mal spüre ich seit Beginn dieser Reise Ausweglosigkeit.

Ich wache auf. Ich liege in einem Bett mit weißer Bettwäsche mit Sternen. Chili liegt neben mir. Ich stehe auf, das Zimmer ist hell und schön eingerichtet. Ich gehe aus dem Raum, gehe die Treppe hinunter und setze mich an den Küchentisch. Eine nett aussehende Frau steht am Herd. Sie hat braunes Haar, das zu einem Dutt geformt ist. Sie dreht sich um und lächelt mich an. Sie setzt sich zu mir und erklärte was passiert ist. Sie erklärt mir, dass mich ein Suchtrupp, welcher nach Kriegsverschüttenden suchte, gefunden hat. Ich lebe seitdem hier, in ihrer Pflegefamilie. Sie heißt Lea und lebt hier gemeinsam mit ihrem Mann Christoph und ihren zwei Kindern Luna und Mattheo.

Jetzt, ein Jahr später, fühle ich mich hier zwar zuhause, aber meine Familie und vor allem meine kleine Schwester Kira vermisse ich einfach unfassbar doll. Luna erinnert mich zwar an sie, was schön ist, aber die Frage, ob meine Familie noch lebt, lässt sich einfach nicht beantworten.

Sophia Beyer

NEIN ZUM KRIEG!

Ich bin Theresa und ich sage nein zum Krieg!

Leichter gesagt als getan. Aber wieso? Warum müssen wir Menschen den Krieg als Ausweg sehen. Sind wir dann keine Feiglinge? Rennen wir dann nicht vor dem Konflikt weg ,indem wir die andere Front zerstören und damit unsere Probleme „beseitigen"?

Wir leben alle zusammen auf einem Planeten. Wir sitzen in einem Boot. Wir teilen uns etwas Einzigartiges. Wir leben zusammen und doch so verfeindet. Wir verschrecken, traumatisieren und zerstören uns Menschen sowie unsere Welt. Wir Menschen sind Parasiten. Wir sind egoistisch und machtbesessen. Es gibt so viele Probleme auf der Welt. So viele Konflikte. So viel Armut. So viel Hunger. So viel Trauer. Wir leben zusammen aber doch so auseinander. Wir reden, wir machen und es wird nichts verändert. Wir demonstrieren, schreien und weinen. Trotz all dem wird weiter zerstört. Doch wer ist schuld daran? Wer ist der Auslöser? Wer, ist der Ursprung des Zerstörens?

Wir alle sind uns bewusst, dass der Frieden auf der Welt nur Propaganda ist. Seit immer. Und für immer. Oder nicht? Derzeit herrscht kein Frieden. Es herrscht Krieg. Krieg zwischen der Ukraine und Russland. Russland bombardiert und zerstört die Ukraine. Millionen Menschen flüchten, verlieren Heimat und Familie. Die Ukraine möchte Frieden, ihr Land und

Freiheit. Eigene Entscheidungen und keinen Krieg. Doch wieso herrscht dann Krieg? Ich würde nur lügen, wenn ich jetzt sagen würde Putin ,oder Russland ist schuld, da ich dafür zu uninformiert bin. Ich bin 17 Jahre alt und was ich weiß ist, dass die Menschen und nicht nur Russland machtbesessen sind. Russland hat Angst. Die Nato hat Angst. Die Welt hat Angst. Und wovor? Davor nicht eine Supermacht zu sein? Der Kalte Krieg von 1945-1991 hat Spuren hinterlassen. Narben und Angst. Was mich fragen lässt, was so schwer daran ist Frieden zu haben. Dann gäbe es keine Angst. Oder? So leicht ist es leider nicht.

Aber wieso? Und wieso müssen wir mit Waffen statt mit Worten uns in Konflikten verständigen? Es ist traurig. Es macht mich traurig. Ich habe so viele Fragen, so viel Angst und Verzweiflung. Doch wohin damit. Ich möchte keinen 3. Weltkrieg. Wir alle sind uns bewusst, dass ein dritter Weltkrieg das Ende unserer Menschheit sein könnte. Und was bringt uns das dann? Wieso Krieg, wenn wir dann sowieso alle tot sind? Ist vielleicht etwas überspitzt dargestellt, aber so ist es. Wozu alles schönreden, wenn es das Gegenteil von schön ist?

Ich bin Theresa Thielemann, 17 Jahre alt und habe Angst. Jahrelang war ich krank, konnte nicht leben und war in Zweifeln gefangen. Jetzt bin ich gesund und die Welt ist im Krieg? Nein! Ich möchte leben! Ich möchte lieben und glücklich sein!

Menschen leiden, auch ohne Krieg! Hört auf damit! Macht das Leben nicht schlimmer als es eh schon ist. Redet und geht von eurer Machtbesessenheit weg. Egal was ihr erreicht, es wird euch nicht reichen. Also nein! Ich sage nein zum Krieg. Hört den Menschen zu, die schreien, demonstrieren und reden! Wir leben in Demokratien, was es eigentlich überall gelten sollte. Wir haben das Recht auf unsere Stimme. Wir sind ein Teil vom Ganzen. Jeder Mensch ist wichtig, egal aus welcher Herkunft. Wir sollten zusammen und nicht gegeneinander arbeiten. Bitte hört auf. Ihr verbreitet Angst, Schrecken und Verzweiflung. Investiert das Geld und die Aufmerksamkeit in den Klimaschutz, die Armut und die Hungersnot. Wir sind ein Team.

Also, ich sage NEIN zum Krieg!

Theresa Thielemann

Krieg

TOD – LEID – ANGST – DUNKELHEIT –
GRAU – KALT – SCHUTZ – SOLIDARITÄT –
MENSCHLICHKEIT – HILFE – HOFFNUNG

Ich wurde von einem Schrei und Gewimmer aufgeweckt. Gewimmer meiner Schwester Lina. Geschreie meiner anderen Schwester Jasmin. Meine Mutter kam ins Zimmer gestürmt und sagte, wir müssten abhauen. Kriegsflugzeuge flogen über unser Dorf. Wir zogen uns Jacken rüber und liefen mit Schlafanzügen aus dem Haus. Als Ünterstützung nahm ich die zweijährige Jasmin auf den Arm. Die sechs-jährige Lina heulte, weil sie ihre Meerschweine nicht mitnehmen durfte. Mir liefen Tränen auch herunter, meine drei Katzten und unsere fünf Pferde würden sterben. Ich hatte auch Angst um meine Großeltern, die in der Nähe wohnten.

Der Wind wehten mir ins Gesicht und ich konnte meine Schwester nur noch mit großer Anstrengung halten. Wir rannten quer durchs Dorf und suchten nach Mitfahrgelegenheiten, da unser Vater das Auto mit zum Krieg genommen hatte.

Mein Vater – ob ich ihn jemals wieder sehen würde?

Nach zwei Stunden hielt ein Auto an. Es war meine Freundin Sofia. Sie, ihr Bruder Mason und ihre Mutter Stefanie mussten ihre beiden Hunde, ihre Katzte, deren Hasen und Hühner im Stich lassen. Ich nahm Lina, Sofia Mason und Mama Jasmin auf den Schoß. Es war eng, aber wir wollten nur weg. Das war am wichtigsten"

„Wenigstens sind wir noch zusammen", versuchte Sofia die Lage zu verschönern.

„Ja", erwiderte ich. Es war gut, dass Mason und Lina gleich alt und befreundet waren. Trotzdem war ich besorgt:

„I-Ist in Bayern auch Krieg?", fragte ich. „Elisa", ermahnte meine Mama mich traurig. Meine Augen füllten sich mit Tränen. In Bayern war Krieg und meine allerbeste Freundin Marla wohnte dort. Sofia legte ihre Hand auf meine Schultern: „Weine nicht!" Ich holte mein Handy raus und versuchte Marla anzurufen. Sie ging nicht ran.

„Nein..", ich hinterlies ihr über Wahtsapp eine Nachricht: „Hi, es herrscht Krieg. Bitte überlebe. Du bist die Beste. Vergiss das nie! Du wirst immer meine Freundin sein."

Dann schrieb ich auch all meinen anderen Freunden eine Nachricht. Bis ich bei Linus anhielt. Er und ich hatten uns gestritten. Er hatte mich blockiert. Er war gerade in Polen. Da war wenigstens kein Krieg. Ich rief ihn an. Zehn mal. Ohne Erfolg. Er legte immer auf.

Also Mailbox: „Hey, Linus hier..hier herrscht Krieg. Es tut mir leid… Diese Grobheit von mir. I-Ich dachte du magst mich nicht mehr. Was du sicherlich auch tust. Nu-Nur ich wollte, dass du weißt, dass du toll bist! Ich habe dich gern. Und.." Plötzlich flog eine Bombe direkt vor unser Auto. Ich schrie. Alle schrien. Die Mailbox schickte ab, mit einem Schrei am Ende.

Das Auto fing an zu brennen.

„RAUS!!!", schrie Stefanie und wir alle flüchteten aus dem Auto. Ich umschloss Lina. „Alles wird gut", flüsterte ich.

„Wir müssen zu Fuß weiter", meinte Mama. Mason und Lina sammelten als Ablenkung Steine, doch Jasmin wurde ungeduldig und heulte. Das war nicht gut. Wir versuchten sie abzulenken. Da fiel mir was ein: Ich hatte ihre Kuscheltiere in meine Tasche gestopft und gab ihr ihr Kikaninchen. Dann griff ich nach meinem Handy, dessen Display nun gesprungen war und spielte darauf Katzenvideos ab. Jasmin beruhigte sich wieder und wir gingen mehrere Stunden zu Fuß weiter.

„Ich kann nicht mehr", jammerte Mason. Auch Lina wurde immer langsamer. Sofia und ich konnten auch nicht mehr. Nur Jasmin schlief ruhigt auf Stefanies Arm. Mama und Stefanie hatten sich immer abgewechselt. „Wir sollten eine Pause machen", stimmte Sofia ihren Bruder zu. Ganz in der Nähe war eine alte Scheune. Dort legten wir uns hinein.

Jasmin und Lina kuschelten sich an Mama. Mason an Stefanie. Ich und Sofia legten uns ins Stroh.

„Ich habe Angst!", flüsterte Sofia. „Solange wir uns beide noch haben", sagte ich, „wird es nur halb so schlimm sein."

Sofia lächelte. Wir beide checkten unsere Handys. Sofia hatte ein paar Antworten von ihren Freunden bekommen. Sie hatte auch Abschiedsnachrichten geschrieben. Die meisten waren schon in anderen Ländern. Ich hätte nur drei Antworten, eine von Leoni: „Hi, du lebst! Ich habs durchs Land geschafft! Bin jetzt in Spanien. Hier scheint die Sonne und wir werden gut versorgt. Ich musste leider meine Katze im Stich lassen. Das ist doof. Ich vermisse dich. Du bist die Beste!"

Eine von Ela: „Hi, bin immer noch in Deutschland. Reise mit Jana und Samira. Es geht uns gut. Hoffe du schaffst es. Leider mussten wir Amiga und unsere Katze im Stich lassen. Sammie, Smartie, Lucy und Samiras Hund und Schildkröte auch."

Die letzte Nachricht war von Marla: „Elisa BFF <3 <3 <3 <3 <3 <3 <3 <3<3 <3 <3 <3 <3 <3 <3 <3 <3 <3 <3 <3 <3 <3 <3 <3 <3 <3 <3 <3 <3 <3 <3 <3 <3 <3 <3 <3 <3 <3 <3 <3 <3 <3 <3 <3 <3. Es ist schlimm .Wir mussten fliehen. Ich habe Angst. Ich will nicht sterben und ich will nicht, dass du stirbst. Du wirst immer meine Freundin sein! Wir werden in ein paar Stunden endlich Frankreich erreicht haben!"

Ich war froh. Es ging fast allen meiner Freunde gut. Trotzdem machte ich mir um die anderen Sorgen.

„Wir sollten ein wenig schlafen", meinte Sofia. „Du hast recht", meinte ich und wir legten uns hin. Ich hatte unruhig geschlafen. Immer mit der Angst gleich bombadiert zu werden.

Die Sonne schien trotzdem fröhlich durch die kleinen Dachziegellücken der Scheune. Nach einiger Zeit waren alle wach und wir beschlossen weiterzuziehen. Doch das nächste Problem kam: Wir alle hatten schrecklichen Durst, aber all unsere Wasserreserven waren seit gestern aufgebraucht. Also begannen wir nach einer Wasserquelle zu suchen. Nach drei Stunden fanden wir einen unreinen Bach. Besser als nichts. Wir alle tranken. Das Wasser schmeckte widerlich und ich übergab mich fast.

Fünf Stunden später kamen wir an der Landesgrenze an. „JA!!!!!!!!!!!", schrien wir alle und konnten es kaum erwarten durch die Grenze zu kommen. Doch da kamen die Kriegsflugzeuge. Die Grenzenwärter ließen alle durch. Als ich durch die Absperrung gehen wollte, klingelte mein Handy: Linus! Ich ging ran.

Die Bombe fiel. „Hi!", sagte Linus. „Hi!", sagte ich. Die Bombe explodierte über mir. Das Handy fiel mir aus der Hand und ich fiel zu Boden.

„Elisa? ELISA", kam es aus dem Telefon. Ich konnte mich nicht mehr bewegen und hatte das Gefühl zu fallen.

Plötztlich wachte ich in meinem Zimmer auf. Erst nach ein paar Minuten begriff ich, dass das nur ein böser Traum war. Erleichtert atmete ich ein, versuchte mich zu beruhigen und legte mich wieder schlafen.

Viele Kinder träumen leider gerade nicht, sondern müssen wirklich fliehen – es fällt mir schwer, das zu realisieren und ich hoffe es endet bald.

Jil Sophie Kohrs

Krieg in Europa

Seit mehreren Wochen herrscht Krieg in der Ukraine. Ich hätte nie gedacht, dass die Welt noch einmal so etwas miterleben muss. Die Bilder, die Tag für Tag in den Medien erscheinen, sind erschütternd. Sie reißen mich einfach mit; ich nie gedacht, dass die Welt so schrecklich sein kann. Bombenangriffe, Raketen, zerstörte Wohnhäuser, Kirchen, Theater und Straßen. Das sehen die Menschen in der Ukraine Tag für Tag, sie müssen ihr Land verlassen, über tote Menschen hinweg gehen und sogar ihre Familie (z.B Väter, Mütter, Tiere, Geschwister) zurücklassen, in der Hoffnung, sie irgendwann wiederzusehen. Ich will gar nicht wissen, wie die Menschen sich fühlen müssen täglich in Schutzkellern zu sitzen und zu hoffen, dass das alles schnell vorbei ist. Jeden Tag müssen sie Raketenschüsse hören oder wie ihre Fenster, Türen und sogar der Boden wackelt. Ich hoffe für jeden Menschen, der noch in der Ukraine ist dass dieser Krieg schnell zuende geht. Und jeder, der noch Hoffnung in sich hat die Menschen wiederzusehen, die er einst zurückgelassen hat und auch lebendig wiedersieht und ihn in die Arme nehmen kann. Auch wenn es für viele Menschen nie wieder so sein wird wie früher, ist es immer noch wichtig, nach vorne zu schauen und sich trotzdem eine schöne Zukunft zu ermöglichen.

Lara Pintaske

Tiergeschichten

19 spannende, lustige und phantasievolle
Tiergeschichten von Kindern für Kinder.
Ausgewählt aus dem Literaturkreisel-
Schreibwettbewerb 2021 von
Laura Müller.

Buch ISBN 9 783 75 439639 1
e-Book ISBN 9 783 75 574309 5
Weitere Schreibwettbewerbe findest du
unter *www.literaturkreisel.de*

Detektivgeschichten

Die 20 spannendsten, gruseligsten und
phantasievollsten Detektivgeschichten von
Kindern für Kinder. Ausgewählt aus dem
Literaturkreisel-Schreibwettbewerb 2021
von Laura Müller.

Buch ISBN 9 783 75 57263 3
e-Book ISBN 9 783 75 574616 4
Weitere Schreibwettbewerbe findest du
unter *www.literaturkreisel.de*

Weltallgeschichten

Die 32 spannendsten und phantasievoll-
sten intergalaktischen Weltallgeschichten
von Kindern für Kinder. Ausgewählt aus
dem Literaturkreisel-Schreibwettbewerb
2021 von Laura Müller.

Buch ISBN 9 783 75 572622 7
e-Book ISBN 9 783 75 577221 7
Weitere Schreibwettbewerbe findest du
unter *www.literaturkreisel.de*

Indianer- und
Pferdegeschichten

Die 23 abenteuerlichsten Geschichten und
Erlebnisse von Kindern für Kinder. Ausge-
wählt aus dem Literaturkreisel-Schreib-
wettbewerb 2022 von Laura Müller.

Buch ISBN 9 783 75 578210 0
e-Book ISBN 9 783 75 628076 6
Weitere Schreibwettbewerbe findest du
unter *www.literaturkreisel.de*

Theda feiert Geburtstag

Das Mäusekind Theda hat Geburtstag und die
ganze Familie kommt. Mamamaus und Papamaus
haben davor aber noch einiges zu erledigen und
auch Theda weiß sich die Zeit zu vertreiben, bis
die Gäste endlich eintreffen. Wer wohl alles kommt
und was sie gemeinsam erleben werden?

Buch ISBN 9 783 75 439642 1

e-Book ISBN 9 783 75 571853 6

Spiele, Rezepte und Bastelideen findest du unter *www.thedaswelt.de*